L_b^5 84

JOURNAL

DU SIEGE.

DE BELLE-ISLE.

L E 7 Avril, au point du jour, M. *le Chevalier de Sainte-Croix*, Brigadier des Armées du Roi, Lieutenant-Colonel du Régiment de Bourbon, Infanterie, Commandant à *Belle-Iſle*, fut averti qu'on appercevoit à l'oueſt de cette Iſle, une Flotte, les vents étant ſud - oueſt, bon, frais. Deux Vaiſſeaux, deux Galiottes à bombes & quinze Bâtimens de tranſport paſſerent au nord de la pointe des *Poulains*, qui eſt la plus avancée de l'Iſle dans la partie du nord - oueſt, & vinrent mouiller dans la rade de *Sauzon*, qui en eſt proche.

Le gros de la Flotte, compoſé

A

d'environ huit Vaisseaux, douze Frégates ou Galiotes à bombes, & cent autres voiles de toute espece & grandeur, longea l'Isle dans l'ouest, vint par le sud doubler la pointe de *Locmaria*, au sud-est de l'Isle, & y mouilla sur le midi, se prolongeant par le travers des *grands Sables*.

M. *le Chevalier de Sainte-Croix* ayant reconnu la position des Ennemis, donna aussi tôt ordre aux Régimens de *Nice* & de *Bigorre*, au Bataillon de Milice de *Dinan*, qui composent la Garnison de *Belle-Isle*, & aux Milices Gardes-Côtes de cette Isle, de se porter aux postes désignés, en cas d'allarme. Il remit ses instructions aux Commandans des différentes parties, suivant la disposition générale qu'il avoit précédemment arrêtée. Comme il en avoit fait répéter plusieurs fois les manœuvres aux Troupes, elles s'y porterent promptement & sans confusion.

Les Ennemis employerent le reste de cette journée à disposer leurs Vaisseaux de guerre & leurs Bâtimens de transport dans l'ordre où ils devoient être pour l'attaque qu'ils avoient résolue.

Les Galiotes qui avoient mouillé
dans la partie de *Sauzon*, jetterent
fur les batteries de cette côte quelques bombes qui firent peu d'effet.
M. *le Chevalier de Sainte - Croix* fit
canoner les Vaiffeaux qui s'appro-
choient de trop près de la côte. Les
Troupes pafferent la nuit dans leurs
poftes.

Le 8, à fix heures du matin, les
vents ayant tourné au nord, les Anglois qui étoient dans la partie de
Locmaria, mirent à la mer quarante-
cinq Bateaux plats qui pouvoient
contenir environ cent hommes chacun ; leurs Troupes s'y étant embarquées, ils raffemblerent derriere le
Vaiffeau commandant la Divifion
mouillée à la hauteur des *grands
Sables*, où ils mirent à la voile pour
doubler la pointe de *Locmaria*.

La Divifion mouillée dans la partie de *Sauzon*, à l'autre extrémité
de l'Ifle, mit auffi fes chaloupes à
la mer : mais M. *le Chevalier de Sainte - Croix* s'étant apperçu qu'on n'y
avoit point embarqué de Troupes,
ne douta pas que le véritable projet des Ennemis ne fût de tourner
leurs principaux efforts fur la par-

A ij

:tie de *Locmaria*. D'ailleurs les vents ne permettant point aux Ennemis d'aborder la côte de *Sauzon*, M. le *Chevalier de Sainte - Croix* n'héfita point à faire marcher une partie des Troupes deftinées à fa défenfe ; & il envoya ordre au Commandant du premier Bataillon de *Nice* qui y étoit pofté, de n'y laiffer que quatre Compagnies, & de fe porter avec le refte de fon Bataillon, fur les hauteurs qui dominent les *grands Sables* & le *Port-d'Andro.*

A midi, deux Vaiffeaux & une Galiote à bombes vinrent s'emboffer vis-à-vis le *Port - d'Andro*, & tirerent avec la plus grande vivacité fur les batteries qui le défendent : quoiqu'elles ne fuffent armées que de quatre pieces de canon, elles furent fi bien fervies, que leur feu dura près d'une heure.

Les Ennemis firent alors déborder leurs bateaux plats qui s'avancerent à force de rames, vers l'anfe du *Port-d'Andro.*

L'ancienne digue qui avoit été conftruite pour défendre l'entrée de ce port, ayant été ruinée depuis peu par la mer, & la nouvelle à laquelle on a commencé à travailler, n'étant pas encore en état de contribuer à sa défenfe, M. *le Chevalier de Sainte-Croix* avoit placé dans les flancs du fond de cette anfe, le Régiment de *Bigorre* d'un côté, & trois Compagnies du Régiment de *Nice*, de l'autre.

Dans cet inftant il vit paroître fur les fommités, à la droite du *Port-d'Andro*, une tête affez confidérable des Ennemis, qui avoit débarqué dans une partie qu'on avoit jugé comme inacceffible, & qui, après avoir gravi par des rochers extrêmement efcarpés, fe formoit en bon ordre fur les derrieres du Régiment de *Bigorre*, qu'elle dominoit entiérement.

M. *le Chevalier de Sainte-Croix* fit détacher deux Piquets de ce Régiment, & ordonna à MM. *Grau & Dumont*, qui les commandoient, de marcher à cette Troupe, & de la charger, bayonnette au bout du fufil; ce qui fut exécuté fur le champ avec la plus grande bravoure & le fuccès le plus complet. Les Ennemis, malgré l'avantage du nombre & de la pofition, furent tous tués ou précipités dans la mer, après une réfiftance affez opiniâtre.

Pendant cette action, la premiere Division des Ennemis, compofée des Grenadiers & Volontaires, ayant fait fon débarquement dans l'anfe du *Port - d'Andro*, M. *le Chevalier de Sainte - Croix*, fans lui donner le temps de fe former, fit déboucher le Régiment de *Bigorre* & les trois Compagnies de celui de *Nice*, qui fe porterent fur eux avec la plus grande vivacité & le meilleur ordre, défirent entiérement tout ce qui étoit débarqué, & firent un feu fi vif fur les bateaux de la feconde Division qui alloit faire fon débarquement, qu'ils furent contrains de fe retirer derriere les deux Vaiffeaux emboffés, après avoir perdu beaucoup de monde.

Les batteries qui avoient été réparées pendant ce temps, ayant recommencé à tirer, en coulerent plufieurs à fond.

La perte des Ennemis doit avoir été très - confidérable ; il n'eft pas poffible de l'évaluer bien exactement, une grande partie ayant été noyée en voulant regagner les bateaux, ou dans ceux qui furent coulés bas.

Il y a environ 400 prifonniers, dont 17 Officiers, parmi lefquels fe trouvent MM. *Maklen*, Général-

Major, & *Thomas*, Lieutenant-Colonel, commandant la premiere Division.

Nous avons eu de notre côté, du Régiment de *Bigorre*, M. *de Michelet*, Lieutenant-Colonel, bleffé d'un coup de feu à la rotule; M. *Dumont*, Capitaine, & M. *de Beaulieu*, Lieutenant des Grenadiers, tués; M. *Grau*, Capitaine, bleffé d'un coup de bayonnette dans la poitrine, M. *Pélissac*, Capitaine, bleffé; MM. *Duffault*, *la Houviere & Boyer*, Lieutenans, bleffés; treize Soldats tués & foixante-un bleffés. *Nice*, deux Soldats tués & cinq bleffés. Gardes - Côtes, M. *Loréal*, Enfeigne, bleffé; un tué & cinq bleffés.

M. *le Chevalier de Sainte - Croix* a juftifié dans cette occafion la haute opinion qu'on avoit depuis long-temps de fes talens militaires. Sa difpofition a été fi bien faite, & fi clairement ordonnée, que depuis l'approche des Ennemis, il n'y a eu ni confufion ni incertitude dans l'exécution des mouvemens.

Il a été parfaitement fecondé par M. *de la Carrigue*, Colonel d'Infanterie, Commandant en fecond dans l'Ifle , dont M. *le Chevalier de Sainte-Croix* fait les plus grands éloges.

M. *de Michelet* , Lieutenant-Colonel du Régiment de *Bigorre* qu'il commandoit , s'eft comporté avec autant de capacité que de valeur.

M. *de Mellet* , Capitaine au Régiment de *Nice* , commandant les trois Compagnies de ce Régiment qui ont chargé les Ennemis, s'y eft extrêmement diftingué.

C'eft à l'intrépidité de M. *Grau* , Capitaine au Régiment de *Bigorre* , qu'on doit le fuccès de l'attaque dont il a été chargé.

M. *le Chevalier de Sainte-Croix* fe loue infiniment de l'intelligence & de l'activité de M. *de Monteffuys* , Major du Régiment de *Nice* , chargé du détail des Troupes ; & en général , de la bravoure & fermeté de tous les Officiers & Soldats , tant des Troupes que des Gardes - Côtes de l'Ifle. M. *de Taille* , Capitaine-Général de cette Milice , s'eft conduit avec la plus grande diftinction.

Le 9 Avril, le vent au nord-oueft très frais, plufieurs bâtimens de la Flotte chafferent fur leurs ancres ; d'autres filerent leurs cables & prirent le large. Les Vaisseaux de guerre ammenerent leurs mâts de hune.

Le 10, le vent ayant molli dans la matinée , la Flotte se rallia au mouillage , & se remit dans le même ordre où elle étoit le 8. Le soir , les bateaux plats & chaloupes firent les reversemens de Troupes sur les Bâtimens de transport , qui n'avoient pu être exécutés après la descente ; tant la confusion étoit grande dans la Flotte. M. *le Chevalier de Sainte-Croix* fit rester les siennes à leur poste pendant toute la journée & la nuit.

Le 11 , les Anglois rembarquerent leurs Bateaux plats.

Cinquante Matelots de *Belle-Isle* , qui faisoient le cabotage dans différens Ports de la Province, ayant appris que leur batterie étoit attaquée par les Ennemis, & se croyant nécessaires à sa défense , parce qu'ils sont employés au service des batteries ; abandonnerent sur le champ leurs barques & leurs cargaisons, & se rendirent avec la plus grande diligence à *Quibron* , d'où ils passerent à *Belle-Isle* , pendant la nuit , au travers de la Flotte Angloise.

Le 12 , La Flotte ne fit aucun mouvement.   A v

M. *le Chevalier de Sainte-Croix* jugeant néceffaire d'avoir un Corps qui fe portât avec célérité aux endroits qui pouvoient être attaqués ; fit donner des chevaux aux foixante-quatre Volontaires commandés par M. *Berrandi* , Capitaine au Régiment de *Nice.*

Les femmes demanderent qu'on leur permît de former une Compagnie de cinquante, à cheval , en uniforme de cafaquins rouges , pour faire les patrouilles dans toute la partie de *la Mer fauvage*. M. *le Chevalier de Sainte Croix* leur accorda cette permiffion.

Le 13 , la Flotte refta dans la même inaction ; & comme le vent étoit nord-oueft très-violent , nos Troupes fe repoferent.

Le 14 , la journée fe paffa auffi tranquillement de part & d'autre.

M. *le Duc d'Aiguillon* envoya M. *Bourfier* , Commiffaire des Guerres, conferer avec M. *Hodgfon* Général des Troupes Angloifes, au fujet des prifonniers Anglois faits dans l'affaire du 8.

Le 15 & le 16 , il n'y eut aucun mouvement dans la Flotte , & il ne fe paffa rien d'intéreffant dans l'Ifle.

Le 17, il arriva au Port du *Palais* une Chaloupe Parlementaire, fur laquelle étoient MM. *Boileau*, Capitaine au Régiment de Colville, & *Gregori*, Lieutenant de Vaiffeau, qui apporterent à M. *le Chevalier de Sainte-Croix* des Lettres de MM. *Keppel* & *Hodgfon*, par lefquelles ils le proient de permettre qu'on remît aux Officiers prifonniers de l'argent & des hardes pour leur fervice. *M. le Chevalier de Sainte-Croix* accorda cette permiffion, fit voir les prifonniers bleffés à ces deux Officiers, leur donna à dîner & les congédia.

Les 18, 19 & 20, il fit un temps affreux. Les Anglois tinrent leur pofition avec la plus grande conftance. Il ne fe paffa rien d'intéreffant de part & d'autre.

Le 21; le vent mollit un peu. Il n'y eut aucun événement dans la Flotte, ni dans l'Ifle.

Le 22, à la pointe du jour, quatre Vaiffeaux de guerre & vingt-un Bâtimens de tranfport arriverent d'Angleterre. L'attente de ces Vaiffeaux étoit probablement la caufe de l'inaction dans laquelle les Anglois étoient depuis quinze jours.

A six heures du matin ; la Division qui étoit devant *Sauzon*, fut joindre le gros de la Flotte, & fut remplacée par ces quatre Vaisseaux de guerre & vingt-un Bâtimens de transport. Ceux-ci mirent à la traîne chacun deux Bateaux plats, pour contenir dans cette partie les Troupes qui la gardoient.

A sept heures, trois Vaisseaux s'embosserent devant le Port *d'Andro*, ceux de *Locmaria* & d'*Arzic*, & firent un feu très-vif sur les batteries & les retranchemens de ces Ports.

A dix heures, toute la Flotte mit à la voile, chaque Vaisseau ayant trois Bateaux plats à la traîne, & quelques-uns cinq.

Cinquante Vaisseaux, Frégates ou Bâtimens de transport qui avoient doublé la pointe de *Locmaria*, s'étant mis sur trois lignes, les Troupes s'embarquerent dans soixante Bateaux plats, qui se formerent aussi sur trois lignes, & resterent dans cette position jusqu'à une heure & demie.

Pendant cet intervalle les Vaisseaux, Frégates & Galiotes à bombes firent un feu terrible sur toute la pointe de *Locmaria* ; jufqu'à *Ker-donis.*

Les Bateaux plats fur lefquels les troupes étoient, vinrent les débarquer au pied de l'efcarpement de la pointe de *Locmaria* , & elles gravirent fur la fommité par des endroits qui avoient été regardés comme inacceffibles. M. le *Chevalier de Sainte-Croix* y fit marcher trois cens hommes qui culbuterent tout ce qui étoit débarqué, & firent 80 Soldats & quatre Officiers prifonniers.

Dans ce même moment , le premier Bataillon du Régiment de *Nice* , qui s'étoit porté au Village de *Kerdonis* , s'apperçut qu'il étoit débordé par fa droite. Il monta fur la crête pour charger avec avantage , mais le feu des Vaiffeaux l'obligea de fe retirer. Il voulut tenter une feconde attaque, mais avec auffi peu de fuccès.

Le nombre des Ennemis augmentoit à chaque inftant , & ils étoient couverts par des murailles.

M. le *Chevalier de Sainte-Croix* y fit porter le Régiment de *Bigorre* , rallia fes troupes & les mena trois fois à la charge , mais elles ne purent foutenir le feu prodigieux des Vaifseaux, qui les prenoit en flanc, & furent à la fin obligées de céder à la supériorité des Ennemis qui se formerent sur cette pointe, au nombre de plus de quatre mille hommes.

M. le *Chevalier de Sainte-Croix* voyant tous ses efforts inutiles, ordonna la retraite, & fit replier tous les postes à mesure qu'il les dépassoit, avec ordre d'enclouer les Canons & de jetter les poudres à la mer, ce qui fut exécuté.

Il prit poste au milieu de l'Isle, entre *Locmoria* & la Citadelle, & y passa la nuit en bataille.

Nous avons eu à l'affaire du 22 Avril, du Régiment de *Nice*, M. *du Villars*, Lieutenant-Colonel, blessé; MM. *Pomorio* & *Doradour*, Capitaines, tués; M. *du Verdier*, Lieutenant des Grenadiers, & M. *Molien*, Lieutenant en second, tués; M. *d'Estival*, Capitaine des Grenadiers, blessé; MM. *Botherel de Moron* & *d'Albert*, Capitaines, blessés; MM. le Chevalier *de Dienne* & *Botherel*, Lieutenans, blessés; MM. *de Paule* & *de Couzin*, Enseignes, blessés; cinquante Soldats tués & quarante-cinq blessés. Du Régiment de *Bigorre*, M. *de Cazal*,

Capitaine des Grenadiers, bleſſé ; M. *du Peloux*, Capitaine , & M. *de S. Cernin*, Lieutenant , bleſſés ; dix-ſept Soldats tués & trente-cinq bleſſés. Du Corps-Royal , cinq tués De la Milice Garde-Côte , un tué & deux bleſſés.

Le 23 à 10 heures du matin , les ennemis s'avancerent ſur 3 colonnes de 3000 hommes chacune. M. le *Chevalier de Sainte-Croix* , voyant qu'il pouvoit être tourné , ſe retira derriere le valon du *Port-Hallan* où il fit former ſes troupes , croyant que les Anglois l'attaqueroient , & ſe préparant à défendre le terrein juſqu'à la derniere extrémité. Mais ils ſe contenterent de ſe mettre en bataille à une portée & demie de Canon.

M. le *Chevalier de Sainte-Croix* fit cependant travailler à des redoutes pour défendre les approches *de la Ville & de la Citadelle.*

Le 24 , les Ennemis pouſſerent un détachement de Cavalerie dans la partie de *Sauʒon* , qui n'y prit point poſte.

Le 25 , les Ennemis s'étant emparés de *Bordilia* , petit Village , & s'y étant retranchés , M. *de Sainte*

Croix let fit attaquer, les en chaffa, & y établit une Compagnie de Grenadiers.

M. *de la Garrigue* fut commandé pour aller chercher, avec un détachement, un Convoi qui étoit arrivé du *Port - Louis*, dans un des Ports du Nord-Ouest de l'Isle : il le fit entrer dans la *Citadelle* à la vue des Ennemis qui n'oferent point l'attaquer.

Le 26, on continua à fe retrancher de part & d'autre.

Le 27, les redoutes qui couvrent *la Ville*, & celles qui éloignent les approches de la *Citadelle*, furent perfectionnées.

Le 28, les Ennemis commencerent à débarquer aux *Grands-Sables* leur Artillerie, ce que la contrariété des vents les avoit empêché de faire jufqu'à ce jour.

Le 29, M. le *Chevalier de Sainte-Croix* fit replier le pofte de la pointe de *Ramonet*, de crainte qu'il ne fût coupé par les Ennemis, qui prolongeoient leurs travaux de ce côté.

A midi, le vent étant calmé, trois Galiotes à bombes s'emboffe-rent & bombarderent la Place pendant trois heures, fans grand effet ; les bombes de la *Catadelle* en firent un plus confidérable fur les Galiotes, qui furent obligées de fe retirer.

Le 30 Avril & 1 Mài, on perfectionna les redoutes conftruites pour défendre la *Ville*, & on canonna les travaux des Ennemis.

Le 1 Mai, vers les dix heures du foir, les Ennemis vinrent fur trois colonnes attaquer à *Rosbofer*, petit Village en avant de la *Ville*, un Piquet du Régiment de *Nice*, qui fut obligé de fe retirer fur le *Potager*, après avoir perdu un Sergent & quinze Soldats.

M. *Michelet*, Lieutenant-Colonel du Régiment de *Bigorre*, & M. de *Cazal*, Capitaine des Grenadiers du même Régiment, moururent de leurs bleffures.

Le 2, au point du jour, M. *le Chevalier de Sainte-Croix* fit attaquer le Village de *Rosbofer* par deux compagnies de Grenadiers, les Volontaires de *Bertrandi* & le refte du même Piquet de *Nice*, aux ordres de M. *de la Garrigue*. Les Ennemis en furent chaffés, & nos Troupes

y reprirent pofte. Les Ennemis avoient un Corps confidérable à quelque diftance, entre ce Village & celui de *Kerdenet*, où ils faifoient travailler à un retranchement.

P. S. La nuit du 4 au 5, on a appris par M. *Burgoyne*, Colonel du Régiment de Cavalerie légere, dont il y a un détachement de 300 hommes à *Belle-Ifle*, que M. *le Chevalier de Sainte - Croix* avoit fait fortir, la même nuit, un détachement de 800 hommes, qui avoit culbuté & fort maltraité le Régiment des Volontaires de *Greys*, & fait prifonnier le Général - Major *Grawford*. M. *Williams*, Capitaine au Régiment de *Burgoyne*, a été tué dans cette occafion.

Ce Colonel avoit été envoyé par le Général *Hodgfon* à M. *le Duc d'Aiguillon*, pour lui propofer quelques arrangemens au fujet des vingt-deux Officiers & quatre cens Soldats Anglois qui furent faits Prifonniers dans les deux attaques du 8 & du 22 Avril, & qui font détenus dans la *Citadelle de Belle-Ifle*.

Les Ennemis n'ont encore que des Mortiers en batterie & quelques piéces de canon de douze & de huit, à barbette, pour foutenir leurs Travailleurs.

Depuis le 22 Avril, que les Anglois font dans l'Ifle, il y a eu toutes les nuits de petites forties pour inquiéter les Travailleurs des Ennemis, & des efcarmouches entre les poftes avancés, où nos Troupes ont toujours eu l'avantage, & y ont fait quelques Prifonniers.

Nos Troupes tiennent toujours les redoutes & les ouvrages en terre qui ont été faits en avant de la *Ville* & de la *Citadelle*.

Les travaux du dedans & du dehors fe font faits à l'ordinaire. Les Ennemis pendant la nuit font venus pour enlever la Compagnie des Grenadiers qui étoit à *Bordilia*, commandée par M. *de Thun*, Capitaine au Régiment de *Nice*, qui s'eft défendu comme un brave Officier. Les Ennemis, fur trois colonnes, ont entouré ce pofte ; mais M. *de Thun* s'eft comporté avec tant de bravoure & de fang froid, qu'il s'eft retiré dans le meilleur ordre jufques fur la redoute. Les Anglois qui avoient amené quatre cens Travailleurs, ont

fait faire un retranchement qui fér-
moit la gauche de leur parallele qui
eſt hors de la portée du mouſquet
de nos redoutes ; ils ſe ſont étendus
par leur droite, pendant la journée
& pendant la nuit.

Le 3, M. *le Chevalier de Sainte-
Croix*, jugeant de l'importance du
travail des Ennemis, a décidé de les
y faire attaquer pendant la nuit ; en
conſéquence, il a fait commander
cent cinquante hommes par Bataillon, les deux Compagnies de Grenadiers de *Nice*, & cent hommes
de *Dinan*, avec les Volontaires de
Bertrandy, le tout aux ordres de M.
de la Garrigue, qui a fait ſa diſpoſi-
tion pour déboucher ſur trois colonnes compoſées d'environ deux cens
hommes chacune. Celle de la gauche
étoit commandée par M. *du Bouſ-
quet*, Commandant de Bataillon de
Nice ; celle de la droite par M. *de
Thun*, & celle du centre par M. *de
la Garrigue*. Tous ſont entrés en
même temps dans le retranchement
des Ennemis, la bayonnette au
bout du fuſil, & y ont tué beaucoup de monde. Tandis que les
Volontaires de *Bertrandy* & trente

hommes de *Dinan*, qui étoient montés fur l'extrêmité du côteau, à la
droite de *Bordilia*, faifoient un très-
grand feu fur les troupes qui étoient
dans le fond du petit vallon du Village qui aboutit dans le grand vallon
de *Kerlan*, dans la direction de la
Vigne de M. *Aubert*, où l'on avoit
placé quatorze Volontaires & vingt
hommes de *Dinan*, pour faire un feu
continuel dans le fond du vallon;
& cent hommes que M. *de la Garri-*
gue avoit poftés fur la gauche, pour
foutenir pareil nombre de Travailleurs qui tâchoient de détruire les
retranchemens des Ennemis. Dans
ce moment M. *de la Garrigue* ap-
percevant une colonne des Ennemis,
qui venoit le long du retranchement pour prendre en flanc la gauche de nos troupes, leur fit faire
un feu fi confidérable, qu'il les cul-
buta, & ils n'ont pas paru depuis.
N'ayant pas envie de conferver ce
pofte qui eft hors de notre portée;
M. *de la Garrigue* a fait faire la retraite dans le meilleur ordre, emme-
nant avec lui foixante-huit prifonniers, non compris M. *de Grawford*,
Général-Major-Colonel des *Volon-*

taires-Royaux , & Commandant en
second des Troupes débarquées ;
avec ses deux Aides-de-Camp, MM.
Preston , Capitaine, & *Brousse* , Lieutenant.

Nous avons perdu dans cette affaire M. *de Lescot* , Capitaine de
Nice, tué, & 1 5 Soldats de son
Régiment ; M. *Ingand* , Lieutenant,
blessé , & 7 Soldats : de *Bigorre*,
2 Soldats blessés : de *Dinan*, 3 tués,
& 7 blessés.

Le 4, on a continué à travailler
aux redoutes, & fait des redans entre les redoutes 1 , 2 & 3 , à pouvoir contenir 30 hommes. Les Anglois sont revenus dans leur tranchée qu'ils ont prolongée par leur
droite ; on a fait pendant la nuit
plusieurs petites sorties qui ont interrompu leurs travaux. Nous avions
commencé deux petites batteries,
l'une dans le prolongement de la capitale de la redoute N°. 2, & l'autre entre celle N°. 3 & le coin de la
muraille de la Vigne *d'Aubert*, pour
tirer à ricochet dans leur tranchée.

Le 5, nous avon fini le redan,
ainsi que les puits & la redoute N°. 2,
& continué à faire ceux des au-

tres redoutes. L'on a continué pendant le jour, ainsi que les précédens, à tirer notre artillerie avec succès sur les batteries ennemies. On avoit commencé le 4 les deux petites batteries ci-deffus ; on a changé de projet par celle du prolongement de la capitale du N°. 2 ; on a placé un redan entre cette redoute & celle du N°. 3.

Les Anglois avoient fait un redan à l'extrémité du côteau de *Bordilia*, pour fermer la gauche de leur parallele, qui communique avec la redoute dudit Village, par derriere les murs qui foutiennent les terres dans l'intérieur du vallon, sans qu'on puiffe les voir d'aucune des parties que nous occupons. Vers les fept heures du foir, ils nous ont tiré 13 bombes ou obus tout à la fois, dont partie font venus à la Citadelle ; une entre autres étant entrée par le toît du grand quartier, a bleffé légérement 4 Soldats Anglois prifonniers. Les Officiers prifonniers, à qui on avoit fait préparer des chambres dans ledit quartier pour être enfemble avec M. *de Grawford*, n'y étant pas à l'abri des bombes, nous les

avons fait rentrer dans les casema=
tes, dans lesquelles ils se sont partagés avec nos Officiers. M. *de
Grawford* a été mis dans l'entre-sol
de la casemate de M. *Dandaure*,
Aide-Major de la Place, avec ses
deux Aides-de-Camp. L'on a pour-
vu à ce qu'ils fussent nourris dans le
même endroit & de la même façon
que les Officiers François.

Pendant la nuit, les ennemis n'ont
travaillé qu'à perfectionner leurs travaux: quelques petites sorties leur
ont donné des alertes dans leurs tran-
chées: nous avons eu sept hommes
de *Nice* tués.

Le 6, les Anglois ont établi plusieurs batteries d'obusiers, de mortiers & de canons, avec lesquelles
ils ont fait un très-grand feu sur nos
redoutes & la Citadelle, qui nous ont
tué & blessé plusieurs Soldats; ce
qui ne nous a pas empêché de continuer à perfectionner nos travaux.
Nous avons fait plusieurs sorties
pour incommoder les leurs, qui ne
consistoient qu'à perfectionner leurs
batteries, que nous avons beaucoup
incommodées par le grand feu de
notre artillerie. Les bombes des ennemis

nemis ont brifé plufieurs plates-formes, tant de mortiers que de canons, fur-tout pendant la nuit. Ils nous ont tué deux Soldats de *Nice*, & cinq ont été bleffés ; un de *Bigorre* bleflé.

Le 7, M. *le Chevalier de Sainte-Croix*, conduit par des principes d'humanité, fit refferrer les Troupes Françoifes dans les cafemates, en leur faifant prendre la place de ceux qui étoient tués ou aux Hôpitaux, pour laiffer deux cafemates aux prifonniers Anglois, & les mettre auffi en fûreté que nos troupes. On a mis jufqu'à préfent deux canons de fonte & deux mortiers hors de fervice : les plates-formes ont déja été renouvellées plufieurs fois par la grande quantité de bombes que les ennemis ont jettées, & par l'effort de nos mortiers. On a fait quelques forties qui ont un peu retardé le travail des Ennemis ; il n'a pas été bien confidérable : il y a eu deux hommes de *Nice* tués, & cinq bleffés à la redoute, N°. 3.

Le 8, les Ennemis vinrent s'emparer de *Lothudy*, pendant la nuit ; nous n'y laiffions le jour qu'un pofte

B

d'un Caporal & six hommes; qui se
retiroient la nuit close. Le Caporal
étant retourné au point du jour, pour
prendre son poste, & l'ayant trouvé
occupé, en vint rendre compte à M.
de Sainte-Croix, qui fit ordonner un
détachement pour les en chasser; en
même temps il les fit canonner, &
fit jetter deux bombes dans ledit
Village, qui leur blefferent beaucoup de monde, à en juger par le
fang qu'on y trouva répandu : M.
de la Garrigue le fit occuper sur le
champ. M. *de Sainte-Croix* étant
allé faire sa tournée des postes, il
en fit ordonner de petits sous le feu
de nos redoutes, pour tirer sur l'Ennemi, dont les Sentinelles étoient
trop voisins de nous ; ce qui les
obligea de se rapprocher de leur parallele. Il fit ensuite réoccuper le
Village d'*Hollan* par un Sergent &
quinze hommes ; les Anglois s'en
étant apperçus, envoyerent un détachement confidérable, pour le reprendre & s'y maintenir en force : le
Sergent fut obligé de se retirer; ce
qu'il fit en très-bon ordre.

M. le Chevalier *de Sainte-Croix*
ne voulut pas les faire réattaquer pen-

dant le jour, pour ne pas trop expofer une partie de fa garnifon, déja
très-affoiblie par le feu des canons,
des obus & des bombes des Ennemis qui étoient dirigés fur cette partie ; toute la journée fut fort tranquille, les Ennemis ne tirerent que
fort peu. Le foir il fut ordonné que
les gardes fe monteroient à huit heures & demie, tant pour éviter que
les Ennemis ne s'apperçuffent du moment où on les relevoit, & du nombre de troupes dont elles étoient
compofées, que pour remplir d'autres objets, qui étoient de fe fervir
de ces nouvelles gardes, n'ayant pas
d'autres troupes, de trente Volontaires & d'une compagnie de Grenadiers, pour faire tâter le village
d'*Hollan*, & s'en emparer fi les Ennemis n'y étoient pas trop en force.
M. *de la Garrigue* fut chargé de
cette commiffion, avec ordre de ne
pas expofer les troupes qu'il avoit,
s'il y trouvoit trop de réfiftance ;
il les fit tâter par les Volontaires qui
poufferent leurs petits poftes avancés
jufqu'au village qu'ils trouverent far-
ci de troupes, & une colonne très-
confidérable derriere pour les foute-

nir. M. *de la Garrigue* jugeant que
ce n'étoit pas le moment d'en former l'attaque, crut devoir la remet-
tre au point du jour, voulant remplir pendant la nuit un autre projet à
fa droite fur *Lothudy*; il y laiffa M. de
Thun, Capitaine des Grenadiers du
Régiment de *Nice*, avec fa Compagnie, & trois cens hommes de nouvelles gardes, pour harceler les Ennemis pendant la nuit, & interrompre leurs travaux; ce qu'il exécuta
fuivant le plan qu'il lui avoit donné,
& dont il s'acquitta très-bien.

M. *de la Garrigue*, fuivant l'ordre
qu'il avoit de M. *de Sainte-Croix*, fut
prendre deux cens hommes qui étoient
affemblés à la tête du pont de l'*Hôpital*, avec la Compagnie des Grenadiers du Régiment de *Bigorre*, & trente Volontaires, pour fe remparer de
Lothudy, que l'on avoit dit à M. *de
Sainte-Croix* être réoccupé par les Anglois. N'y ayant trouvé perfonne, &
jugeant que les Anglois pourroient y
venir reprendre pofte pendant la nuit,
il difpofa fes Troupes de façon à faire
tomber les Ennemis dans l'embufca-
de. Pendant ce tems il fit démolir
fous les murs derriere lefquels les En-

nemis auroient pû se retrancher : vers les deux heures & demie , il envoya les Volontaires reconnoître le Camp en deça du ravin de *Sauzon* , & se mit à portée de pouvoir les soutenir ; les Volontaires ayant repoussé les postes avancés des Ennemis , & ayant donné l'alerte dans leur Camp , ils vinrent rejoindre M. *de la Garrigue* ; il se posta delà , avec toute sa Troupe , derriere les redoutes de notre gauche, pour attaquer le Village d'*Hoilan* au point du jour , & en fit avertir M. *de Sainte-Croix* , qui lui fit ordonner de n'en rien faire , les Ennemis étant considérablement renforcés dans cette partie , & paroissant vouloir faire une attaque de vive force ; de sorte qu'il resta dans sa position jusqu'au grand jour. N'ayant apperçu aucune disposition de la part des Ennemis qui eût d'autre objet que de pourvoir à leur sûreté , il fit retirer ses Troupes à la Citadelle; nous ne perdîmes cette nuit que deux Soldats tués & six blessés.

Le 9 , les Ennemis canonnerent & bombarderent très - vivement les redoutes, sur lesquelles ils jetterent une grande quantité d'obus : elles ne cesserent de tirer sur les ennemis, qui

étoient en dehors de leurs retranchemens , & fur ceux qui travailloient
au village d'*Hollan*. Nous eûmes un
Officier & trois Soldats bleffés. Les
Anglois ayant jetté une grande quantité de bombes dans la Citadelle , une
d'elles vint créver en're deux cafemates occupées par les prifonniers Anglois qui étoient dans la petite cour
qu'on leur a fait occuper ,. il y en eut
fept de bleffés , dont fix eurent les
jambes emportées.

M. *de Boquenay* , Officier de la
Compagnie des Indes; M. *de Bl veau*,
Ingénieur ; & M. *du Taftel* , Officier
d'Artillerie , arriverent à onze heures du foir de *Quibron* , & nous apporterent les nouvelles de M. *le Duc
d'Aiguillon.*

Le 10, les Ennemis ne cefferent
de canonner , & de jetter une grande
quantité de bombes & d'obus dans
la Citadelle & dans les redoutes ; leur
feu nous tua ou bleffa cinq hommes
de *Bigorre* , deux de *Nice* & deux de
Dinan. Le feu continuel de notre
Artillerie & Moufqueterie leur a fait
perdre du monde , à en juger par les
bleffés que l'on a vu emporter. Le
Camp qui étoit à gauche du chemin

de *Sauzon*, a marché par sa droite ;
à cinq heures du soir, pour venir
camper en arriere de *Kerdener* ; la
gauche & la droite appuyées aux deux
vallons qui aboutissent au *Potager*.

Le 11, les Ennemis nous ont jetté
beaucoup de bombes & d'obus, pendant la nuit & pendant le jour ; nous
avons eu deux hommes de *Nice* tués
& un blessé, & 4 de *Bigorre* blessés,
pendant la nuit, dans les redoutes.
Les Ennemis avoient commencé une
sappe pour couronner le petit vallon
qui est en avant de leur gauche, &
qui sépare le petit côteau de *Bordelia*,
de la vigne de M. *Aubert* ; mais le feu
des Volontaires de *Bertrandy* & les
petits Détachemens de la redoute
N°. 3, ont tant interrompu leurs travaux. qu'ils ont cessé. Une bombe
qui est tombée dans la Citadelle, a
tué deux Soldats de *Nice*, & en a
blessé trois ; trois Soldats de *Bigorre*
ont pareillement été tués, & trois
blessés, ainsi que deux Canonniers
Gardes-Côtes.

Le 12, les Ennemis n'ont pas augmenté leurs travaux ; ils n'ont travaillé qu'à perfectionner leurs batteries, sur-tout celle qui est entre la

Croix d'*Hollan* & la gauche, où il
y a onze embrasures ouvertes, & n'y
ont encore que sept piéces de canon
de 23 & seize obusiers. Ils ont toujours sur le côteau de *Ramonet* trois
pieces de 11 ; au Village d'*Hollan*,
trois pieces de 11, & quatre obusiers;
dans la batterie au-dessous de *Bordilia*, trois pieces de 11, quatorze
mortiers & quatre obusiers; à *Rosboser*;
trois pieces de 11, & trois obusiers.
Ils nous ont tiré pendant la nuit, &
toute la journée, beaucoup de bombes, d'obus & de boulets sur nos redoutes & sur la Citadelle; nous avons
eu un Officier de *Nice* blessé, deux
Soldats tués & quatre blessés, deux
de *Dinan* blessés, un Canonnier tué
& deux blessés. Nos redoutes & nos
petits postes avancés ont fait un très-
grand feu sur les ennemis, ainsi que
notre artillerie.

Le 13, le feu a été si vif pendant
la nuit sur les redoutes Nº. 1 & Nº. 2,
qu'il n'a pas été de quart-d'heure que
les Ennemis n'ayent jetté 60 obus
ou bombes sur ces redoutes, qui bles-
soient souvent trois ou quatre hommes à chaque décharge, de cent qui
y étoient pour les défendre; & sur

la repréfentation des Corps des différens Officiers qui commandoient dans
ces redoutes , & fe chargeoient de
les défendre avec cinquante hommes,
M. le *Chevalier de Sainte-Croix* per-
mit à M. *de la Garrigue* de n'y laiffer
que cinquante hommes pendant le
jour , & de mettre vingt hommes du
fecond Piquet , avec le Lieutenant,
à la communication ; le refte dudit
Piquet , avec le Capitaine , devant fe
pofter à la premiere Maifon du *Palais*
qui n'en eft qu'à cent pas , avec ordre
de rentrer dans la redoute , au premier coup de fufil , ou au premier
mouvement que l'on verroit faire
aux Ennemis : mais M. *de la Garri-*
gue ayant reconnu dans les tournées
qu'il faifoit pendant la nuit , que le
Soldat étoit trop ferré pour pouvoir
fe garantir , au moyen des traverfes,
de la quantité de bombes & d'obus
qu'on leur jettoit dans le même inftant , & croyart pouvoir compter fur
la parole des Officiers qui s'enga-
geoient de les défendre , ordonna
aux Capitaines qui devoient fe retirer , de ne le faire qu'à 4 heures &
demie du matin , par parcelle de quatre hommes , pour que les Ennemis

ne s'en apperçuffent point , & d'y
rentrer au moment qu'elles feroient
menacées ; ce qui a été très-bien exécuté aux redoutes N°. 1 & 3 ; mais
le fecond Capitaine du N°. 2 , trop
preffé de fortir de fa redoute, mit
fa Troupe en file, & la fuivit avec
affez de précipitation pour faire croire
aux Ennemis que les Troupes fati-
guées du feu continuel qu'on leur
faifoit, abandonnoient leurs redoutes : en conféquence ils raffemblerent toutes les Troupes qui étoient
dans leur tranchée, au nombre de
1500 hommes , & fe porterent, à
cinq heures du matin, fur la redoute
N°. 1, ou M. *de Guyen*, Capitaine
au Régiment de *Nice*, les reçut de
façon à les rebuter, & donna le temps
à M. *de Vavre*, avec fes trente hommes , de s'y porter & de les replier.
Ils fe rejetterent avec foixante hommes fur le N°. 2 , où l'Officier,
ainfi que les Soldats, étoit affis contre le parapet, lorfqu'averti par le
Lieutenant, que les Ennemis venoient.
à lui , le Capitaine dit à fes Soldats:
Enfans, défilons. Il abandonna la redoute fans la défendre ; il y rentra
enfuite avec cinq hommes. Les En-

nemis inftruits du feul chemin qui y
étoit, par les Soldats qui fuyoient,
& le Capitaine qui y rentroit, prirent le Capitaine & les cinq hommes
qui étoient avec lui. M. *de la Garri-*
gue qui avoit laiffé tout tranquille
dans cette partie, à quatre heures &
demie, avoit renvoyé les trois Piquets du bivouac qui couchoient à
la tête du *Palais*, & continuoit fa
tournée par fa droite, lorfque l'Officier de la redoute N°. 4, lui dit qu'il
venoit de voir une colonne de 1500
hommes, fortir de la tranchée, & fe
porter avec précipitation fur les redoutes de la gauche. Il entendit alors
une fufillade très-vive, & defcendit
avec beaucoup de promptitude au
pont de l'Hôpital, prit la premiere
Compagnie des Grenadiers de *Nice*,
trouva celle de *Bigorre*, & plus haut
les deux Piquets & la feconde Compagnie des Grenadiers de *Nice* que
M. *le Chevalier de Sainte-Croix*, qui
voyoit la manœuvre des Ennemis,
lui renvoyoit au fecours des nôtres.
Il les mit en ordre dans la rue des
Fours, & marcha au redan de la redoute N°. 2, avec la valeur dont il
eft capable, pour prendre l'Ennemi

B vj

en flanc. Il fut étonné de trouver 300 Anglois dans la redoute, & un Corps confidérable qui la foutenoit à l'angle flanqué , & qui faifoit travailler à remplir le foffé, pour fe faire une communication. Toutes les Troupes leur firent un feu très-roulant & très-vif, pendant que deux pieces de canon chargées à cartouches, les prenoient en flanc. Jugeant de l'impoffibilité d'attaquer un ouvrage de cette efpece, de vive force, fans avoir, à coups de canon, rompu les paliffades & les abattis, M. *de la Garrigue* trouva à propos de fe retirer pour défendre l'entrée du *Palais*, jufqu'à ce que notre artillerie eût pu lui frayer un paffage ; mais les Canonniers qui avoient paffé la nuit aux batteries , avoient été fe repofer dans différentes cafemates ; on les raffembla auffitôt : mais M. *de Sainte-Croix* ne pouvant croire que cette redoute fût prife fans fe défendre, voyant un feu continuel qui en fortoit, & la fumée empêchant de diftinguer qui y étoit, ne voulut pas faire tirer deffus ; ce qui donna le tems aux Ennemis de s'y fortifier, & faire craindre à M. *de la Garrigue* qu'ils ne puffent venir attaquer le *Palais* par les rues des Ormeaux & des Dames, & ne lui coupaſſent le chemin de la Citadelle. Il prit le parti de ſe retirer, ce qu'il fit en bon ordre, diſputant à coups de fuſils le terrein aux Ennemis qui le ſuivoient ; ce qui donna le temps à M. *de Vavre* de ſortir de la redoute Nº. 1, avec vingt-cinq hommes, ayant uſé toutes leurs cartouches, & leurs fuſils étant ſi brûlans, qu'ils ne pouvoient plus les tenir. M. *de Guyen* qui y commandoit, en faiſoit l'arriere-garde ; ayant été coupé par les Ennemis, il fut obligé de ſe rendre, après avoir perdu la moitié de ſon Piquet. M. *de la Garrigue* ayant été bleſſé légérement aux reins au commencement de l'action qui dura près de trois heures, fit retirer les trois Compagnies de Grenadiers de *Nice* & *Bigorre*, & deux Piquets de *Nice*, dans la Citadelle, laiſſant trente Grenadiers des trois Compagnies, commandés par M. *de Courceron*, Lieutenant des Grenadiers de *Nice*, pour tenir ferme dans la Ville, & donner le temps aux cent hommes qui étoient dans chacune des redoutes Nº. 3. & 4, & aux Volontaires de *Bertrandy* qui étoient dans la vigne de M. *Aubert*, de se retirer, suivant l'ordre que lui avoit envoyé M. le *Chevalier de Sainte-Croix*, à huit heures & demie.

L'on ne peut que se louer de la conduite de MM. *de Guyen*, *de Vavre*, Capitaines de *Nice*, *de Trevinal* & *Donorati*, Officiers du même Régiment, & de M. *Merle*, Lieutenant de *Bigorre*, qui ont tenu jusqu'à la derniere extrémité & fait un feu continuel sur l'ennemi, & ne se rendirent qu'à dix heures, ayant consommé toutes leurs munitions, sans espérance de secours. M. le *Chevalier de Sainte-Croix* voyant trois colonnes qui venoient par le vallon du *Potager* sur les redoutes N°. 5 & 6, & le pavillon *Foucquet*, qui n'étoit pas en état de résister, étant trop éloigné de la place pour être soutenu, donna ordre à ce poste de se retirer. Pendant ce tems, il fit pourvoir aux besoins des Hôpitaux de la Ville & de la Citadelle ; il donna pareillement ses ordres pour la répartition des troupes nécessaires dans les différens postes, les ouvrages & les chemins couverts.

Le 14 ; a été employé à faire les réparations aux ouvrages, travailler aux traverses pour les défiler, ainsi que les chemins couverts, ôter de la Citadelle les débris combustibles, & déblayer les décombres intérieurs occasionnés par des batteries des ennemis. Ils ont fait une communication des redoutes N°. 1 & 3, qui se joignent à la *Chapelle Saint-Sébastien*, à l'entrée de la rue des Ormeaux.

Le 15, Les Ennemis ont perfectionné cette communication, qui forme la seconde parallele, ont épaissi les parapets des redoutes du côté de la Citadelle. Nous avons tâché de les interrompre autant que nous avons pu avec notre artillerie, qui devient de plus en plus en mauvais état. M. *le Chevalier de Sainte-Croix* a fait travailler dans l'intérieur du moulin de *Rozelieres*, pour pouvoir le défendre ou le faire sauter, en cas que les ennemis nous obligent à l'abandonner. L'on a continué à faire des traverses dans les chemins couverts, & des blindages pour garantir les soldats qui les défendent des éclats des bombes & obus, ainsi que dans les différens ouvrages. L'on a fait une rampe vis-à-vis les fours du grand quartier, qui n'avoit qu'une seule communication. L'on a toujours continué de travailler au déblai des effets combustibles.

Le 16, les ennemis ont fait une communication à la redoute N°. 4, jusqu'au Cimétiere des Soldats, auprès de la redoute N°. 5, & l'autre communication de la redoute N°. 3, & ont commencé un zigzag dans la communication N°. 1, qui est défilé de la Citadelle : elle est parallele au bastion du grand cavalier. Nous avons travaillé au déblayement de la Citadelle, à abattre les toits, ôter les planches. Notre travail ordinaire aux batteries continues, ainsi qu'aux traverses.

Le 17, les ennemis ont épaissi le zigzag d'auprès le N° 1, ainsi que la communication du N°. 4 au Cimetiere. Ils y ont planté des piquets & des fauciffons, ce qui donne lieu de croire que ce font des batteries qu'ils dégorgeront. En attendant, ils jettent une grande quantité de bombes & d'obus toutes les demi-heures. On en a compté jusqu'à 42

en l'air d'une feule batterie qu'ils ont
dans le vallon de *Port Hallan*. On a
travaillé aux déblais, & à éteindre le
feu qu'ils avoient mis en plufieurs endroits de la Citadelle avec des pots à
feu qu'ils jettent continuellement, &
fur-tout dans un magafin au bois, ce
qui n'a pas eu de fuite. Il y a eu cinq
hommes de *Nice* bleffés, trois de *Bigorre*, & quatre de *Dinan*.

Le 18, les ennemis ont continué
à perfectionner leurs travaux. Ils ont
tranfporté des fauciffons de la batterie qu'ils ont dans la direction du
Gouch, dans une nouvelle batterie
au pied de la redoute N°. 1. Ils
ont fait une petite batterie qu'ils ont
démafquée de deux piéces de canons
fur la petite plate-forme, à gauche
du *Port Hallan*, qui a été bientôt dé-
montée. Ils continuent à tirer avec
les fept piéces qui font à la batterie du
Gouech, ce qui a un peu endommagé
notre quartier & notre batterie de la
face du baftion du Gouvernement ;
les bombes & obus ont toujours tiré
avec la même force, fans cependant
faire un trop grand effet. Notre artillerie a fait des merveilles, quoiqu'endommagée par les batteries des

Ennemis. Nous avons travaillé à les raccommoder, ainsi qu'au déblai de la Citadelle & à nos traverses. Il y a eu cinq Soldats de *Nice* blessés, sept de *Bigorre*, & trois de *Dinan*.

Le 19, les ennemis ont dégorgé onze embrasures à la batterie, au-dessous de la redoute N°. 1. Notre artillerie a empêché, par un feu très-vif & très-suivi, l'établissement de leur canon. Nous avons travaillé à nos déblais, & à jetter les bois & autres effets combustibles à la mer, à ranger nos magasins au bois, en les mettant par tas dans les fossés, pour éviter l'incendie générale. Nous avons eu un Soldat de *Nice* blessé, quatre de *Bigorre* tués, trois blessés, & deux de *Dinan* blessés.

Le 20, il a beaucoup plu pendant la nuit. Les Ennemis ont fort peu tiré, & ont tâché, ainsi que nous, de rétablir leurs batteries. L'on a travaillé à la démolition du pignon du grand quartier, au-dessus de la cuisine de l'Hôpital, à remplir nombre de barriques d'eau de mer dans différens endroits de la Citadelle. On a travaillé au moulin de *Roze-lieres*, & à la tour de la *Marine*,

pour les mettre en état de défenſe.
On a changé les deux mortiers du
donjon pour les mettre à l'abri d'être
enfilé. On a tracé le ſoir quatre embraſures ſur la courtine du Lieutenant de Roi : deux barrils de poudre
ont ſauté à l'angle flanqué du baſtion
du gouvernement , qui ont enlevé la
guérite , & tué deux hommes. Le feu
de notre artil'erie s'eſt un peu ra'en-
ti , ayant beſoin de ménagement , les
lumieres étant d'une ardeur étonnan-
te. Nous avons eu 2 Soldats de Nice
b'eſſés, un de *Bigorre* tué, & 3 de *Di-*
nan bl ſſés. Du 19 au 20, & du 20 au
21, deux de *Nice* tués, deux bleſſés, un
mort à l'Hôpital , & un déſerté , un
bleſſé de *Bigorre* , & un de *Dinan*.

Le 21 , les ennemis ont pouſſé
un zigzag de la communication du
N°. 3 , juſqu'au Calvaire, & un autre en retour du Calvaire ſur la direction du mur ſupérieur du jardin
de M. *Aubert* , au-deſſus de l'Egliſe
du *Palais*. Ils ont raccommodé &
augmenté leurs batteries au-deſſous
du N°. 1 : ils y ont ſeize embraſures
dégorgées ; ils n'en ont pas encore
tiré. Ils ont épaiſſi le parapet de leur
tranchée & des autres batteries au-

deſſous du Calvaire , & au Cimétiere des Soldats , qui ne ſont pas encore dégorgées. Nous avons travaillé au déblayement de la Citadelle, à ôter des poutres des bâtimens démolis, pour faire des blindages dans une partie des endroits où il en ſeroit beſoin , à établir les deux mortiers du donjon à l'oueſt , à mettre le reſte du tabac , qui étoit dans une chambre enfoncée par les bombes, dans une petite caſemate, à côté de la batterie ſouterraine , ſous le flanc gauche du baſtion du major. M. *de Fontgievre* , Lieutenant - Colonel de *Bigorre* , a été bleſſé d'un éclat de bombe à la main. M. *Ducheſnay* , Capitaine de *Dinan* , a eu une forte contuſion à l'épaule.

Le 22, il a beaucoup plu pendant la nuit & le jour, ce qui a ralenti le travail des ennemis, qui ont peu tiré pendant le jour, & point pendant la nuit. Ils ont peu prolongé leur zig-zag au deſſus des murs de la maiſon d'*Aulert*. Nous n'avons fini qu'aujourd'hui le travail intérieur du moulin de *Roʒelieres* , ſoit pour couper les bois qui embarraſſent , ſoit pour établir des échaffauds pour tirer ſous le toit , & charger les petites mines qui y font. On a travaillé à celles qui font fous la gorge du petit luneton : on a commencé à entourer la porte, ainfi que celle de la galerie crenelée avec des paliffades. Notre batterie de quatre piéces de canon, fur la courtine du Lieutenant de Roi au Sud, a été finie, & les canons y ont été tranfportés du baftion du Gouvernement où ils étoient. Tous les arbres des remparts ont été ébranchés pour faire des fauciffons. On a continué à travailler au déblayement de la Citadelle. On a pris la cafemate du N°. 22, où étoient les Grenadiers pour faire un accroiffement à l'Hôpital. Partie des Soldats qui étoient dans la cafemate N°. 16. ont reflué dans les autres cafemates pour faire place aux Grenadiers. Les Ennemis font venus le foir vers les dix heures, attaquer le moulin de *Rozelieres*; M. *de Thun*, Capitaine des Grenadiers de *Nice*, qui étoit au chemin couvert avec fa Compagnie, les a repouffés : on y a mis un Sergent & dix hommes qui fe font joints aux fix Grenadiers qui y étoient, à qui on a envoyé trente-deux grenades & vingt obus. Il y a eu un Soldat de *Nice* tué &

trois bleſſés ; de *Bigorre*, un tué &
cinq bleſſés.

Le 23 , les Ennemis nous ont jetté
beaucoup de bombes & obus pendant la nuit : ils ont monté leurs 16
piéces de canons dans la batterie au-
deſſous de la redoute Nº. 1 , qui
ont commencé à tirer ce matin avec
beaucoup de vivacité , ainſi que leurs
mortiers & obuſiers : ils ont continué
à épaiſſir la droite de leur zigzag ,
qui va du Calvaire au chemin de la
Chapelle des Dames , ainſi que celui
de leur gauche , qui part du même
point du Calvaire au-deſſus du jardin
de la maiſon d'*Aubert*. Il ne paroît
encore rien au-deſſus du Cimétiere
des Soldats : ils continuent cependant à en épaiſſir & élever le parapet.
Notre artillerie a fait un très-grand
feu ce matin : une de nos piéces a eu
l'eſſieu & le moyeu emportés d'un
coup de canon, qui a tué un Canonnier de *Nce*. On travaille à faire des
fauciſſons des branches du rempart ;
les déblais de la Citadelle ſe continuent toujours. Il y a eu un Soldat de
Nice bleſſé, deux de *Bigorre* tués, &
deux bleſſés : de *Dinan* deux bleſſés,
& un mort de ſes bleſſures à l'Hôpi-

tal. Depuis plufieurs jours, nous fai-
fons un tres-grand feu de notre moufqueterie de la vieille enceinte fur la
batterie des ennemis, où ils travailloient & chargeoient à découvert ;
ce qui a ralenti leur travail & leur feu.

Le 24, les Ennemis ont fait un
très-grand feu de leurs 16 piéces
de canons fur la courtine du Lieutenant de Roi ; ils ont démonté
deux de nos piéces , & ont fait
breche à la muraille du rempart. Ils
ont démafqué neuf embrafures dans
leur zigzag de la gauche du Calvaire, mais il n'y a pas encore de
canons ; nous tâchons toujours d'interrompre leurs travaux avec nos
moufquets de rempart , notre artillerie étant en très-mauvais état. M.
du Taftel , Officier d'Artillerie , a
été légérement bleffé à la tête , ce
qui ne l'empêche pas de continuer
fes fervices. M. *de Blaveau*, Ingénieur, a eu une contufion au bras,
ce qui n'a pas ralenti le zèle de ces
deux Officiers. On travaille à renforcer le derriere du pont du Bourg,
qui feroit vu en plein de la batterie
que les Ennemis pourroient établir
à la vigne de *Lamy* dont ils ont

crenelé les murs. Depuis que les
Ennemis nous entourent de si près,
nous ne nous servons plus de cette
porte, on passe par les communica-
tions souterreines des flancs droits
des bastions du magasin à poudre &
du Major, qui descendent dans le
fossé, d'où on monte dans la vieille
enceinte, & où il y a cinq commu-
nications par où l'on peut se porter
du fossé dans les deux demi-lunes &
chemins couverts, par les escaliers
des places d'armes rentrantes ; on
va au point du *Palais* par la galerie
souterreine crenelée, qui traverse
du fossé sous le chemin couvert de
la glaciere qui aboutit auprès du
petit luneton, où l'on a fait une espece de retranchement jusqu'au coin
de la muraille de la porte du Bourg.

Le 25, les Ennemis ont démas-
qué six embrasures au Cimetiere des
Soldats, d'où ils tirent continuellement à cartouches & boulets sur les
chemins couverts de la vieille enceinte ; ils ont aussi quatre obusiers
& quatre mortiers auprès de la redoute Nº. 4, qui prennent dans le
prolongement de la face gauche du
cavalier du magasin à poudre, qui
enfile

enfile la courtine du Lieutenant de
Roi , & toute la place de la Citadelle ; les 16 piéces qui font fous
la redoute N°. 1 , ont fait un feu
étonnant fur cette courtine où ils
ont fait une bréche affez confidérable , malgré le grand feu de quatre
de nos piéces de canons , qui leur
en ont démonté fept ; les neuf autres n'ont point difcontinué de tirer
par falves toute la journée , ainfi
que deux mortiers & deux obufiers
qu'ils ont auffi établis auprès du jardin de M. *de Taile* , au-deffus de la
rue du Four. Ils ont auffi raccommodé les embrafures de la batterie
du Calvaire que nous leur avions
ruinées ; une de leurs bombes a
enfoncé la porte qui communique
de la vieille enveloppe avec la tenaille au-deffus du Pont que l'on a
fait racommoder ; nous avons toujours fait un grand feu de notre
moufqueterie fur leurs Travailleurs
& dans les embrafures lorfqu'ils y
paroiffoient, ce qui a un peu ralenti
leur travail. On a travaillé à fapper
l'intérieur du mur du grand quartier, pour que le canon des Ennemis le faffe tomber en dedans. On

C

doit travailler à faire une traverfe au grand cavalier pour le défiler des batteries du N°. 4 au cimetiere des foldats, & à racommoder nos embrafures, qui ont beaucoup fouffert, & dont la bréche a emporté une partie.

Le 26, il a fait un tems épouvantable pendant la nuit. Les Ennemis n'ont tiré que quelques bombes, & n'ont pas rétabli entiérement leur batterie au deffous de la redoute N°. 1 ; mais ils ont continué la communication du Calvaire jufqu'au coin de la muraille au-deffus du jardin de M. *Savignon*, à côté de celui de M. *Aubert* : ils n'ont tiré que de deux petites piéces de la batterie du Calvaire, les fept autres embrafures étant mafquées avec des fauciffons. Ils ont jetté pendant la journée beaucoup de bombes & d'obus, du vallon de *Port-Hallan* & de la redoute No. 4 ; ils ont continué à épaiffir leur communication. Malgré le mauvais temps, nous avons rétabli une batterie de quatre piéces de canons fur la courtine du Lieutenant de Roi ; on a commencé des traverfes dans la vieille enveloppe ; vis-à-vis la face gauche du baſtion du cavalier ; on travaille à enfoncer les batteries de cette face, pour donner plus d'épaiſſeur au parapet qui en a fort peu.

On a fait une traverſe à la face du cavalier, pour empêcher la batterie de la gauche d'être priſe en rouage par les obus de la redoute N°. 4, & empêcher qu'elle n'enfile la courtine du Lieutenant de Roi ; on a fait auſſi une traverſe ſur la Place, pour empêcher que les obus, qui prennent également la Place en toute ſa longueur, ne tombent le long du quartier où ſe tiennent les Soldats qui y font la ſoupe, & ceux qui pendant le jour, ne peuvent tenir dans leurs caſemates. On continue toujours le travail des déblais de la Citadelle. Une bombe des Ennemis a mis le feu à une très-grande quantité de planches & autres effets combuſtibles de l'intérieur des charpentes & menuiſeries des bâtimens de la Citadelle ; que l'on avoit jettés par-deſſus le rempart, du côté de la mer, & qui s'étoient accumulés & arrêtés ſur les rochers ; ce qui a occaſionné un très-grand feu auprès de la tenaille, où il y avoit beaucoup de bois de chauffage qui a été préservé de l'incendie par les précautions que l'on y a prises: Nos quatre pieces de canons ont été très-maltraitées pendant la nuit ; il n'en restoit plus que deux qui pussent tirer. M. de *Thun*, Capitaine des Grenadiers de *Nice* & M. *Durbois*, Lieutenant , ont été blessés légérement. Il y a eu cinq hommes de *Nice* blessés & un mort à l'Hôpital; de *Bigorre*, quatre blessés & un tué ; de *Dinan*, M. le *Chevalier du Chesnay* blessé légérement, cinq hommes blessés & un tué.

Le 27 , il a fait un temps affreux pendant la nuit & une grande partie de la journée, qui a peu permis aux Ennemis de travailler, ainsi qu'à nous. Ils nous ont jetté peu de bombes pendant la nuit ; mais ils nous ont tiré quelques obus & canons chargés à cartouches, des batteries du N°. 4 & du Cimetiere des Soldats. Pendant la journée, ils nous ont jetté une grande quantité de bombes & d'obus, & beaucoup tiré sur la courtine du Lieutenant de Roi , ainsi que sur l'enveloppe qui est vis-à-vis, où ils ont commencé une petite bréche ; notre artillerie a tiré tant qu'elle a pu des deux pieces qui lui reſtoient. On travaille à refaire les embraſures de la face gauche du grand cavalier, & l'épaulement de la face droite. Les ennemis ayant abattu une partie du parapet de la petite tenaille de l'entrée du Port, & la garde qui y étoit, étant plongée de très-près, M. *le Chevalier de Sainte-Croix* jugea à propos de retirer cette Garde pendant le jour, & d'y faire faire des patrouilles continuelles, par les deux piquets qui ſont ſous la poterne, pendant la nuit, commandées par des Sergens & Caporaux; & lorſque la mer eſt baſſe, par des Officiers, cette partie étant ſuſceptible d'être inſultée ſi l'on n'y étoit pas ſur ſes gardes; deux autres piquets d'augmentation couchent dans les deux poternes des flancs qui ſervent de communication de la Place dans le foſſé & de là dans la vieille enceinte: moyennant ces précautions, on ne doit pas craindre de ſurpriſe. *Nice* a eu ſept hommes bleſſés & un mort à l'Hôpital; *Bigorre*, un tué & quatre bleſſés; M. *de Merdiech*, Lieutenant de *Dinan*, tué & ſept bleſſés.

Le 28, nous avons travaillé pendant la nuit au déblayement des bréches , dont les décombres ont été portés partie contre le long du petit mur qui joint la vieille enceinte, à l'angle de l'épaule de la face droite du baftion du Gouvernement , l'autre partie pour élever les traverfes qui font dans la vieille enceinte , ainfi que la caponniere qui couvre le chemin de la poterne du baftion du magafin à poudre à la vieille enceinte, dont le foffé eft enfilé par une partie de la parallele des Ennemis , qui paffe au-deffus des murs du jardin *d'Aubert*. On a continué pendant la nuit de travailler à la batterie du cavalier , & à l'épaulement de la droite. Les Ennemis ont fait un très-grand feu, depuis la pointe du jour , de leur moufqueterie , bombes & obus, qui ont beaucoup dérangé le travail du cavalier ; & ont rompu une platteforme qui venoit d'être faite ; ils ont recommencé à tirer de leur batterie de 16 pieces qui eft au-deffous du N°. 1 , par falves , contre la courtine du Lieutenant de Roi, dont ils ont un peu aggrandi la bréche ; ils ont fait peu de chofe à celle qu'ils avoient commencée fur la petite courtine de l'enveloppe, auprès de l'angle du flanc; mais il en ont fait une autre à la face du demi-bastion, qui est au milieu du Port , où aboutit l'extrémité de la tenaille. Nos deux pieces de canons de la courtine du Lieutenant de Roi ont toujours tiré , malgré le grand feu des Ennemis. Nous avons été avertis une heure après midi , qu'une Fregate Angloise étoit venue de la pointe des *Poulains* , entre *Quibron* & nous , avoit mis un pavillon rouge , & avoit tiré quatorze coups de canons ; qu'ensuite on avoit vu arriver trois Vaisseaux de 74 pieces de canons ; deux autres de la même grandeur , armés en Flûtes , & trois gros Bâtimens de transport qui ont été au *Port Yorc* , & y ont débarqué environ 2000 hommes , qui ont longé le côteau entre le *Port Yorc* & le moulin à l'eau ; ils sont descendus dans le fond , & nous ne les avons plus revus. Il y a eu un homme de *Nice* tué & sept blessés ; neuf de *Bigorre* blessés , dont cinq sont entrés à l'Hôpital ; six de *Dinan* blessés , & un mort.

Le 29 , pendant la nuit , on a travaillé à porter beaucoup de blindages dans le fossé, que l'on a posés contre les murs de la courtine du Lieutenant de Roi, le flanc & une partie de la face gauche du bastion du cavalier, de façon qu'on peut mettre de la poudre derriere, pour jetter au loin les décombres de la bréche, lorsqu'elle approchera de sa perfection. Nos trois pieces de canons du cavalier ont commencé à tirer au point du jour, & ont continué toute la journée, malgré le feu des ennemis qui a été très-vif en mousqueterie, obus, bombes & canons, qui ont élargi les bréches du corps de la Place, & de l'enveloppe qui est très-décidée à la face de ce demi-bastion qui est vers le milieu du Port, ils n'ont que fort peu tiré à l'angle du flanc de ce demi-bastion. C'est sur cette détermination que M. *le Chevalier de Sainte-Croix* a adopté le projet de M. *du Bouchet*, d'un retranchement derriere la bréche qui enveloppe par un rentrant presque toute la capacité du demi-bastion. On a toujours continué à déblayer la bréche & y porter des blindages pour mettre dessous. La terre des décombres se régale dans le fossé, ainsi que celle que l'on tiré

du petit fossé qui doit former le retranchement sur le haut de la bréche.
Des deux piquets qui ont coutume de
coucher sous la porte du donjon, un
se mit sur l'entre-sol qui servoit autre-
fois à faire de l'artifice , il y restoit
encore un peu de poudre sur la ta-
ble , le feu y prit , de - là à un pot-
à - feu , & à la plupart des cartouches des Soldats , dont 25 furent brûlés , les autres se croyant per-
dus , se précipiterent pour sortir ,
M. *de la Ville* , Lieutenant de Roy ,
qui y étoit , fut foulé & blessé à la
main & au genou ; M. *de Montbaron* ,
Capitaine de *Nice* , avoit été tué au-
paravant par un éclat de bombe ;
MM. *de Vavre* & *Tarnaud* , Capitaines du même Régiment blessés ; M.
de Boneau , Lieutenant , blessé , ainsi
que 33 soldats , dont 21 entrés à
l'Hôpital , un tué & 2 morts de leurs
anciennes blessures ; *Bigorre* a eu 9
blessés & un tué dans le moment de
cet accident. M. le *Chevalier de Sainte-
Croix* étoit allé examiner les bréches
avec MM. *de la Garrigue* & *du Bouchet* , ce qu'ils font tous les soirs en-
semble , & pendant le jour chacun
y va en particulier ; & ils se ren-
C v

dent compte de l'état des chofes.

Le 30, on a travaillé pendant la nuit à faire un retranchement derriere la bréche de l'enveloppe, quoique le terrein foit fort étroit, & à déblayer celle de la courtine du Lieutenant de Roi, dont les terres ont été régalées, partie dans le foffé, partie le long du petit mur qui joint le flanc de la Poterne, & partie dans les tonneaux deffus la caponniere de l'angle de l'épaule de la droite du baftion du magafin à poudre. On a fait fauter au point du jour le moulin de *Rozelieres*, qui étoit percé par les canons du Cimetiere des foldats. Les Ennemis nous ont laiffé fort tranquilles cette nuit, & n'ont commencé à tirer avec violence qu'à cinq heures du matin, de leurs mortiers, obufiers & moufqueterie, fur la bréche de l'enveloppe & la batterie du grand cavalier. Ils ont commencé à neuf heures à tirer de leur batterie du Calvaire, fur la face du baftion du Gouvernement, & ont fait pendant la nuit une communication du pont de l'Hôpital, par les derrieres des maifons oppofées, pour gagner le deffus des murs des jardins de *Galenne*. Il eft arrivé à quatre

heures après-midi, de la partie de
l'Ouest, un Vaiſſeau, une Frégate
& trois Bâtimens de tranſport chargés de Troupes.

MM. les Commandans des Corps
de la Garniſon vinrent repréſenter à
M. *le Chevalier de Sainte-Croix* le
mauvais état de la Place, & qu'il ſeroit bien malheureux pour des Régimens qui avoient ſi bien ſervi, d'être
obligés de prendre la loi du vain-
queur, & d'être priſonniers de guerre ; que ne pouvant eſpérer de ſe-
cours, il convenoit mieux de rendre
la Place vingt-quatre heures plutôt,
& conſerver quatre Bataillons au Roi.
M. *le Chevalier de Sainte-Croix* leur
fit convenir que cette repréſentation
étoit un peu prématurée ; que quoiqu'il y eût des bréches au corps de la
Place & à l'enveloppe, elles n'étoient
pas encore praticables ; & que ſi dans
ce moment il vouloit ſe rendre, eux-
mêmes ſeroient ſûrement les premiers
à s'y oppoſer ; que quand les choſes
ſeroient plus avancées, il feroit aſſem-
bler le Conſeil de Guerre, & leur
demanderoit leurs avis, perſuadé qu'ils
ſeroient toujours conformes à la gloi-
re des Armes du Roi ; qu'il iroit le

C vj

foir, felon fon ufage, vifiter les bréches, pour en juger par lui-même.

Nice a eu 2 foldats tués, 10 bleffés, & 3 morts à l'hôpital ; Bigorre,
3 tués & 3 bleffés; Dinan, 1 mort à
l'hôpital.

Le 31, nous avons continué pendant la nuit le retranchement derriere
la bréche de l'enveloppe, & déblayé
celle du Lieutenant de Roi. On a
renforcé & rempli les intervalles des
tonneaux qui élevent le parapet de la
caponniere du flanc droit du baftion
Dauphin & du cavalier, pour couvrir
ce paffage, qui étoit enfilé par la hauteur du Calvaire. On a raccommodé
le pont-levis de la poterne de l'hôpital, pour ne pas le laiffer encombrer
par les débris de la bréche que l'Ennemi pourroit faire au flanc qui voit
en plein la batterie du Calvaire, qui
paroît deftinée à tirer fur la face du
baftion du Gouvernement, quoique
quelquefois elle dirige fon feu fur la
face du baftion de l'enveloppe, dont
la bréche s'aggrandit ; ils n'y ont cependant pas tiré pendant la nuit qui a
été fort tranquille, & n'ont commencé leurs falves des deux batteries, que
vers les cinq heures du matin, qui

avoient été précédées par des salves
de bombes & d'obus, qui ont continué tout le jour. Ils ont beaucoup tiré
de leurs 26 piéces de canons des deux
batteries, sur la face droite du bastion
du Gouvernement, & la face du bastion de l'enveloppe du milieu du Port.
La premiere bréche, qu'ils n'ont commencée qu'hier, en démasquant les 10
piéces de la batterie du Calvaire, n'a
ce soir, à neuf heures & demie, qu'environ quatre toises de large sur deux
pieds de profondeur. La seconde, qui
est celle de l'enveloppe qu'ils ont
commencé à battre le 28, est d'environ 20 pieds de large, à peu près au
niveau de la tenaille, & de 8 pieds de
profondeur ; la hauteur va en retré-
cissant jusqu'au haut de la muraille. Ils
n'ont pas encore percé l'épaisseur du
mur, la terre ne paroissant pas. Ce
qu'on a rapporté du fond de la bréche, est pierre calcinée & mortier.
Ils n'ont que très-peu tiré sur l'ancienne bréche de la courtine du Lieutenant de Roi, dont ils n'ont enlevé
que la chemise du bas, & arrasé toute
la muraille supérieure jusqu'au-dessous du cordon, qui a fait écrouler
une grande partie du parapet que l'on

avoit répaiffi en-dedans, lorfque l'on a refait la batterie. Ils ont auffi tiré fur le cavalier, & ont démonté une piéce de canon; de forte qu'il n'y en a plus que deux qui puiffent tirer. Nous avons continué à travailler pendant le jour au retranchement derriere la bréche de l'enveloppe. On a approvifionné ce foir les deux côtés de ce retranchement avec des grenades & obus, au cas que l'Ennemi veuille tenter à monter de la bréche de l'enveloppe fur la tenaille, quoique cela foit difficile. Ils ont fait dans la Ville un retranchement en barriques remplies de fable, qui traverfe toute la Place affez près du Port. Nous avons travaillé au déblayement de la Citadelle, & à réparer les trous des bombes des Ennemis. *Nice* a eu 2 foldats tués, 5 bleffés, 2 morts à l'hôpital; *Bigorre*, 2 bleffés; *Dinan*, 2 morts.

Le premier Juin, nous avons continué à travailler pendant la nuit au retranchement derriere la bréche, & à épaiffir la caponniere du flanc droit du baftion *Dauphin*; on en a fait un autre en avant à la fappe pendant le jour, que l'on a plus enterré, pour pouvoir fournir plus de feu dans cet-

te partie, où M. *le Chevalier de Sainte-Croix* compte mettre 50 hommes
pour la défendre. Les Ennemis ont
beaucoup tiré de leur mousqueterie &
de leurs canons, aggrandi & appro-
fondi les bréches ; celle de l'enveloppe est aussi large d'en-haut que d'en-
bas ; cependant le parapet n'est pas
encore écroulé. En continuant la bréche de la face droite du bastion du
Gouvernement , ils en ont fait une
autre à la partie de la muraille qui
tient l'enveloppe avec l'angle de l'é-
paule du bastion du Gouvernement ;
où est la porte qui conduit à la tenaille contre laquelle nous avions mis
un blindage , & des terres contre le
mur qui étoit fort mince & fort mauvais. S'ils continuent à battre cette
muraille , la bréche sera bientôt pra-
ticable ; pour lors notre retranchement nous deviendra inutile , parce
qu'il seroit pris à revers. Ils ont prolongé le retranchement au dessus du
jardin de *Galenne* , jusqu'au chemin
qui va de la Ville à *Sauzon* , en avant
de la batterie du Cimetiere des soldats.
Ils ont fait aussi un retranchement de
tonneaux sur le quai, vis-à-vis la bréche & la Citadelle du Port. Ils élar-

giffent & approfondiffent toujours la
bréche du baftion du Gouvernement,
& tirent fucceffivement des falves de
canons & beaucoup de moufqueterie,
aufquelles en fuccédent d'autres de
bombes & d'obus, ce qui dure tout
le jour jufqu'à la nuit clofe qu'ils fe
repofent. Cela n'a pas empêché que
nos Travailleurs de jour n'ayent rempli leurs tâches au retranchement derriere la bréche. Vers les neuf heures
du foir, nous entendîmes en ville un
bruit de démolition, qui nous fit croire que les Ennemis démafquoient une
batterie : on leur jetta quelques bombes dans cette partie, qui ne firent
pas un grand effet ; la branche de
l'enveloppe qui eft vis-à-vis la face
droite du baftion *Dauphin* ou du cavalier, étant abfolument enfilée, malgré les traverfes qui y font, par la
hauteur du Calvaire, on fit mettre
un paradeau avec des planches d'une
traverfe à l'autre, & approfondir le
chemin dans le terre-plein derriere la
banquette. *Nice* a eu 2 foldats bleffés, 1 mort ; *Bigorre*, 1 bleffé, 1
mort ; *Dinan*, 1 tué, 2 bleffés, 1
mort à l'hôpital.

Le 2, les Ennemis ont été affez

tranquilles pendant la nuit. M. *Saba-*
try , Officier de la Compagnie des
Indes, eſt arrivé à une heure après-
minuit, dans le petit Port deſſous la
Citadelle , & a remis à M. *le Cheva-*
lier de Sainte-Croix les Lettres de M.
le Duc d'Aiguillon , dont il étoit
chargé.

Nous avons travaillé pendant la
nuit , à élargir & à perfectionner notre retranchement derriere la bréche ;
on a coupé des arbres qu'on a attachés avec des chaînes & des cordes au
tronc, & au piquet que l'on a mis dans
le parapet du retranchement ; de forte que quand le terre-plein qui eſt en
avant , s'écroulera , ces arbres forme-
ront une eſpéce d'abbatis qui fera
d'autant plus difficile à pénétrer, que
le terrein de deſſous fera fort mou-
vant : toutes ces précautions devien-
dront inutiles, s'ils continuent à battre la muraille qui aboutit au flanc.

Nous avons apperçu ce matin que
nous ne nous étions pas trompés, en
imaginant que toutes les démoli-
tions dans la Ville indiquoient qu'on
démaſquoit une batterie ; nous l'a-
vo s apperçue à la pointe du jour ,
ſituée en-deça de la rue des Fours ;

au haut du petit escalier qui monte du *Sable* pour aller au moulin d'*Hallan* ; elle est de quatre piéces de canons, qui sont dirigées sur le coin du bastion du Gouvernement : il n'y a encore que deux piéces qui ont fait bréche au petit mur de l'enveloppe, à l'épaule. Ils ont abattu le pied droit de la porte qui descend à la tenaille ; ce qui fait une rampe aisée à pouvoir faire monter deux hommes qui seroient dans la tenaille, dont une partie du parapet est rasée. On travaillera cette nuit à faire un parapet en bois debout & de travers, lié avec de la terre ; il sera aussi haut que le parapet de l'enveloppe. Deux bombes ont un peu dérangé nos deux caponnieres du flanc droit du bastion *Dauphin*, on va travailler à les réparer. *Nice* a eu un soldat blessé, deux entrés à l'Hôpital ; *Bigorre*, un blessé, & deux entrés à l'Hôpital ; *Dinan*, trois blessés. M. *de la Garrigue* a été légerement blessé à la tête.

Le 3, la nuit a été fort tranquille, les Ennemis n'ont point tiré. M. *le Chevalier de Sainte-Croix* a posté une Compagnie de Grenadiers

fur l'enveloppe, à droite de la bréche, pour la défendre, avec les
cent hommes de garde ordinaire qui
y font. On a continué le travail
commencé pendant le jour, pour
murer la porte de la poterne de
l'Hôpital. On a racommodé la bréche du petit mur qui joint l'enveloppe à l'angle de l'épaule du baftion du Gouvernement ; on y a mis
des bois debout & de travers, avec
des décombres en-dedans des intervalles jufqu'à une certaine hauteur ;
on continuera la nuit prochaine à
l'augmenter. On a un peu travaillé
au paradeau de l'enveloppe, pour fe
défiler de la hauteur du Calvaire ;
les deux caponnieres qui traverfent
le foffé, qui avoient été endomma-
gées par une bombe, ont été réparées ; on les perfectionnera pendant
le jour & la nuit prochaine. Nos
trois piéces de canons du cavalier
ont été remifes en état, & ont tiré
ce matin. Un coup de canon des
Ennemis a emporté le tourillon de
la coulevrine. On a mis une piéce
de 1 2 fur la courtine du Lieutenant de Roi, malgré fon délabre-
ment, pour tirer à cartouches fur

la batterie des quatre piéces de canons que les Ennemis ont au haut de
la Ville.

Les Ennemis ont fait un très-
grand feu pendant la journée, qui
a élargi la bréche de la face du demi-
baftion de l'enveloppe, & a fait tomber le parapet qui étoit au-deffus ;
ils ont auffi tiré beaucoup fur le
baftion du Gouvernement & la petite muraille qui joint, qui eft prefque au niveau des décombres de
cette bréche. Ils ont auffi dérangé
le parapet en bois de ladite muraille. *Nice* a eu aujourd'hui un homme
tué & cinq bleffés ; *Bigarre*, un tué
& trois bleffés ; *Dinan*, un tué &
trois morts à l'Hôpital. Notre artillerie a fait le plus de feu qu'elle a
pu de fes trois piéces de canons du
cavalier, dont une a été mife hors
de fervice.

Le 4, les Ennemis ont été affez
tranquilles cette nuit. On a travaillé
à renforcer le parapet en bois, & à
décombrer le petit mur qui joint
l'enveloppe à l'angle de l'épaule du
baftion du Gouvernement. On a
continué le paradeau de l'enveloppe,
vis-à-vis la face droite du baftion

Dauphin. ; on a coupé le pont qui aboutit au redan du magafin à poudre ; on y a fait en dehors, au lieu du pont, le long du flanc, un blindage pour la communication de cette partie avec la bréche ; on a aussi travaillé aux deux caponnieres du flanc droit du baftion *Dauphin.*

Les pertes que la Garnifon a effuyées pendant le temps que nous gardions nos redoutes, & celles qu'elle a faites depuis que nous fommes enfermés dans la Citadelle, la mettant hors d'état de fournir tous les poftes nécessaires à fa défenfe, & M. *le Chevalier de Sainte - Croix* voyant que les Ennemis faifoient tous leurs efforts du côté de la Ville, n'ayant ailleurs ni tranchée ni boyau qui puiffent défigner un deffein formé de faire une attaque réelle du côté des chemins couverts, où ils ne pourroient s'établir fans communication, ne pouvant par conféquent craindre une fauffe attaque de ce côté ; il fe détermina à ne laiffer que très-peu de monde dans les chemins couverts, pour porter toute fon attention du côté des deux bréches, qui font ouvertes & prefque

praticables à l'enveloppe, indépen=
damment de ce!le qui eft faite au
corps de la Place ; en conféquence,
il changea l'ancien ordre des poftes,
ne laiffa que cinquante hommes dans
chacune des deux demi - lunes qui
font au - delà de l'enveloppe, qui
doivent fournir chacune trente hommes partagés dans les trois places
d'armes du chemin couvert qui font
les plus à portée, qui après avoir
fait toute la réfiftance dont ils font
fufceptibles, pourront fe retirer dans
les deux demi-lunes qui doivent les
protéger ; cinquante hommes dans
la branche gauche des chemins couverts dits de la *Glaciere* ; cent hommes fur les bréches, foutenus d'une
compagnie de Grenadiers ; cent
hommes dans le refte de l'enveloppe ; cinquante hommes à l'ave-
nue du Bourg, qui doivent fournir
vingt hommes à la gallerie crenelée ;
quinze hommes à la Tour *de la Ma-*
rine ; cinquante hommes aux deux
caponnieres du flanc gauche du baftion *Dauphin* ; indépendamment de
trois cens hommes qui font dans
l'intérieur de la Citadelle, pour
garder les poternes, crainte de fur-

prife, & le rempart pour les feux de protection. Les Ennemis ont fait un feu étonnant de leur artillerie, qui a fait cesser la nôtre, & augmenter les bréches qui sont praticables à l'enveloppe ; celle qui est à la petite muraille qui la joint à l'épaule du bastion du Gouvernement, a près de deux toises de large. Les décombres qui sont tombées de la bréche faite au bastion du Gouvernement, sont au niveau du parapet en bois debout que nous avons dans cette partie, où l'on ne peut mettre que quinze hommes pour les défendre, qui seront foudroyés par la mousqueterie, canons & obus des Ennemis.

Le 5, on a travaillé pendant la nuit à perfectionner les deux caponnieres du flanc droit du bastion *Dauphin*, & au petit retranchement que l'on a fait sur le terre-plein de l'enveloppe, au-dessus du petit escalier que l'on a dégradé vis-à-vis la porterne, vû son court espace qui ne permet d'y mettre que six hommes de front, pour protéger la retraite de quinze Grenadiers qui seroient en avant d'eux. A dix heures de la nuit du 4 au 5, la mer étant baffe, les Ennemis vinrent pour reconnoître la bréche, le fentinelle qui étoit au-deffus leur tira un coup de fufil.

M. *de la Tour* Capitaine des Grenadiers de *Bigorre* s'y porta, & fit feu fur la bréche, & leur fit jetter des grenades & obus, ce qui attira de ce côté un feu très-vif de derriere les retranchemens qui font le long du port, & des maifons de la Ville qui font toutes crenelées : on leur répondit des remparts, & de l'enveloppe, mais avec beaucoup de défavantage. Ils revinrent une deuxiéme fois pour tâter la bréche ; M. *du Bouchet*, Capitaine de *Nice*, qui y étoit, leur tua deux hommes qui étoient montés jufqu'au haut, ce qui fit recommencer le feu qui dura encore une demi-heure ; ils profiterent de ce moment pour attacher le mineur à l'enveloppe, vis-à-vis la face gauche du baftion *Dauphin*, au-deffous du Corps-de-garde qui eft dans l'épaiffeur du parapet, & y mirent un blindage pour le couvrir, fans qu'il nous fût poffible d'y mettre aucun obftacle. M. de

Favart

Favart, Ingénieur, qui a été voir la bréche ce matin, eſt deſcendu par le petit eſcalier qui eſt dans l'intérieur du demi-baſtion qui conduit à un flanc bas ; il a trouvé l'eſcalier à découvert par la bréche, & en a rapporté trois pics à roc, un fuſil & une pince, preuve qu'ils avoient envie d'y travailler ; mais ils n'y avoient encore rien fait.

La Pirogue envoyée par M. *le Duc d'Aigullion*, eſt arrivée à une heure & demie après minuit.

Les Ennemis ont fait un très-grand feu toute la journée ; les bréches deviennent de plus en plus praticables, & celle du baſtion du Gouvernement ébranle la voûte de l'Hôpital, qu'elle pourroit percer, ſi le feu duroit juſqu'à minuit avec la même violence. On compte mettre des chevaux de friſe au commencement de la nuit ſur le haut de la grande bréche qui a environ huit toiſes, & dans l'entrée du petit eſcalier qui aboutit au demi-baſtion.

Le 6, les Ennemis ont travaillé à leurs mines, que l'on ne peut voir ni empêcher ; ils y communiquent à marée haute par un pont fait avec des

D

tonneaux remplis, qu'ils ont couverts de facs à terre. Ils ont continué leurs retranchemens fur tous les Quais & les petites calles du *Sable* ; de forte que leurs Soldats font à couvert dans toute la partie qui regarde la Cita-delle. Ils ont fini de creneler toutes les maifons de la Ville, & ont fait le retranchement à droite de la batterie de quatre pieces de canons qui eft en-deçà de la rue du Four, qu'ils ont continuée jufqu'à la mer par leur droi-te. Ils n'ont pas tiré pendant la nuit ; nous leurs avons jetté le plus de bom-que nous avons pu, pour interrompre leurs travaux, & écrafer les maifons dans lefquelles ils étoient ; nous leur avons fait, malgré cela, peu de dom-mage. On a prolongé le flanc gauche du demi-baftion de l'enveloppe, de façon qu'il puiffe protéger la retraite des quinze Grenadiers, & des vingt Soldats qui défendent la bréche du petit mur de l'angle de l'épaule du Gouvernement. Nous avons perfec-tionné les deux caponnieres, & mis des abbatis en avant.

A la pointe du jour nos trois piéces d'artillerie ont commencé à tirer, & ont endommagé la batterie du Calvaire ; les Ennemis nous ont répondu avec plus de fuccès : notre feu a cependant opéré une diverfion qui les a obligés de ne battre qu'un peu plus tard le baftion du Gouvernement, & arrêté les grands progrès qu'ils auroient fait contre ce baftion ; ils en ont élargi la bréche fans l'avoir beaucoup plus approfondie qu'elle ne l'étoit , mais cependant affez pour faire craindre que la voûte de l'Hôpital n'écrafe les malades qui font dans un état pitoyable , par la crainte qu'ils ont qu'on ne veuille les facrifier. Les bréches de l'enveloppe font très-praticables ; ils ont attaché un fecond mineur à la gauche de la grande bréche , pour faire fauter jufqu'à l'angle du demi-baftion : ils nous ont tiré une très-grande quantité de bombes & d'obus.

Le foir, à quatre heures, il s'eft tenu un nouveau Confeil de Guerre, dans lequel M. *du Boucher*, Ingénieur, a fait l'expofé de la fituation de la Place ; il y a parlé de deux bréches praticables à l'enveloppe de la mine à laquelle les Ennemis travaillent avec fuccès ; de deux bréches au corps de la Place , & fur-tout de celle du baſtion du Gouvernement, qui a 15 pieds de profondeur auprès de l'angle du flanc, & 10 toiſes de largeur, dont le parapet exiſte encore à la vérité; mais qui eſt en l'air; il y a même une léſarde le long de la banquette, qui paſſe dans l'embraſure du flanc le plus près de l'épaule, la joint au plus profond de la bréche, & feroit une rampe très-aiſée, ſi cette maſſe tomboit. Conſidérant, en outre, l'état de la voûte de l'Hôpital, & le danger des malades, le Conſeil de Guerre a délibéré unanimement qu'il étoit temps de capituler, & a prié M. *le Chevalier de Sainte-Croix* de différer cette capitulation le moins que faire ſe pourra : malgré cette délibération unanime, M. *le Chevalier de Sainte-Croix*, réſolu d'attendre au lendemain, a pris toutes les précautions néceſſaires pour ſoutenir l'attaque des bréches, autant que le terrein pourroit le permettre.

Le 7, à une heure du matin, les Ennemis ſe ſont préſentés pour attaquer la bréche de la face du baſtion, & ſe gliſſoient dans la tenaille, pour faire une attaque du côté du flanc gauche du baſtion du Gouvernement, tandis qu'ils battoient le fond du foſſé & l'enveloppe, vis-à-vis la face droite du baſtion *Dauphin*, avec une nouvelle batterie de quatre piéces de canon, qu'ils ont démaſquée au-deſſus du jardin de M. *Aubert*. Un feu étonnant de mouſqueterie & une très-grande quantité de bombes, obus & pots-à-feu, partoient en même temps de leur tranchée & des maiſons de la Ville; mais le grand feu de notre mouſqueterie & les grenades & obus qu'on leur a jettés du haut de la bréche, les ont obligés de ſe retirer. Nous n'avons eu dans cette attaque qui a duré près d'une heure, que quatre Soldats de *Nice* bleſſés, un de *Bigorre* tué & ſix bleſſés, un de *Dinan* tué & deux bleſſés.

Nos trois piéces d'artillerie que l'on avoit réparées pendant la nuit, ont commencé à tirer au point du jour, & ont attiré l'attention de l'Ennemi qui, malgré cela, faiſoit de grands progrès au baſtion du Gouvernement, ce qui a déterminé M. le *Chevalier de Sainte-Croix* à demander à capituler.

Permis d'imprimer & diſtribuer. Au Port-Louis, le 7 Juin 1761. Signé, LE DUC D'AIGUILLON.

CAPITULATION
DE LA CITADELLE
DE BELLE-ISLE.

Nous Brigadier des Armées du Roi, Commandant dans la Citadelle de Belle-Isle en mer, proposons les Articles de la Capitulation ci-après.

ARTICLE PRELIMINAIRE.

M. le Chevalier de Sainte-Croix, Brigadier des Armées du Roi, Commandant dans la Citadelle de Belle-Isle, demande que la Place ne se rende que le 12 Juin, en cas que d'ici à ce tems il ne nous arrive point de secours; qu'en attendant il ne se fasse nul travail de part ni d'autre, & qu'il n'y ait nul acte d'hostilité, ni aucune communication des Anglois assiégeans avec les François assiégés.

REFUSÉ.

ARTICLE I.

Toute la Garnison sortira avec les honneurs de la guerre, par la bréche, tambours battans, drapeaux déployés, méches allumées, & trois piéces de canons, avec douze coups à tirer chacune; chaque Soldat aura quinze coups à tirer dans sa cartouche, tous les Officiers, Sergens, Soldats & Habitans, pourront emporter tous leurs équipages & bagages; les femmes suivront leurs maris.

Accordé, en faveur de la belle défense que la Citadelle a faite sous les ordres de M. le Chevalier de Sainte-Croix.

ARTICLE II.

Il fera fourni deux chariots couverts, dont les effets feront dépofés dans deux chaloupes couvertes qui ne pourront être visitées.

Les chariots couverts font refufés ; mais foin fera pris pour faire tranf-porter tous les bagages en grande terre par le plus court chemin.

ARTICLE III.

Il fera fourni des Bâtimens pour tranfpor-ter les Troupes Françoifes , par le plus court chemin, dans les Ports de France les plus voifins de Belle-Ifle, profitant du pre-mier vent favorable.

ACCORDE'.

ARTICLE IV.

Il fera fourni aux Troupes Françoifes qui feront embarquées , les vivres néceffaires pour le trajet, fur le même pied qu'il en eft fourni aux troupes de Sa Majefté Britan-nique, & il ne fera mis fur les Bâtimens que le même nombre d'Officiers & Soldats que les Troupes Angloifes occupent.

ACCORDE'.

ARTICLE V.

Il fera donné un Bâtiment , lorfque les Troupes feront embarquées, à M. le Che-valier de Sainte-Croix, Brigadier des Ar-mées du Roi ; M. de la Ville , Lieutenant de Roi ; M. de la Garrigue , Colonel d'In-fanterie , avec Brevet de Commandant au défaut de M. le Chevalier de Sainte-Croix; MM. les Officiers de l'Etat-Major , com-pris ceux de l'Artillerie & du Génie, ainfi que les trois piéces de canons & les Soldats du Corps Royal de l'Artillerie ,

pour être tranſportés à Nantes avec leurs
femmes , gouvernantes , domeſtiques &
équipages qu'ils ont dans la Citadelle , ſans
qu'il ſoit permis de les viſiter. Il leur ſera
fourni des vivres du Bâtiment, comme l'on
en donneroit aux Officiers Anglois de pa-
reils grades.

*Soin ſera pris que tous ceux qui
ſont nommés dans cet Article , ſeront
tranſportés au plutôt à Nantes avec
leurs bagages & effets , de même que
les trois piéces de canons accordées
par le premier Article.*

ARTICLE VI.

Après l'expiration du terme porté par le
premier Article , il ſera livré une porte de
la Citadelle aux Troupes de Sa Majeſté Britannique , à laquelle il y aura une garde
Françoiſe de pareil nombre , juſqu'au moment que les Troupes du Roi ſortiront
pour s'embarquer ; il ſera conſigné aux
deux gardes de ne laiſſer entrer aucun Soldat Anglois , ni ſortir aucun Soldat François , ſans la permiſſion de leurs Géné-
raux.

*Une porte ſera livrée aux Troupes
de S. M. Britanique , dès le moment
que la Capitulation ſera ſignée , & un
nombre égal de Troupes Françoiſes
occuperont la même porte.*

ARTICLE VII.

Il ſera accordé un Bâtiment à MM. les
Commiſſaires des Guerres & Tréſorier, où
ils pourront emporter tous leurs équipages ,
& emmener leurs Sécretaires , Commis &
Domeſtiques , ſans qu'il leur ſoit fait aucun

tort ni vifite ; ils feront conduits, ainfi que
les Troupes, au Port le plus voifin.

ACCORDE'.

ARTICLE VIII.

MM. de Taille, Capitaine-Général de
la Garde-Côte; Lamy, Major; deux Lieutenans de Canonniers, & quatre-vingt-dix
Canonniers Gardes-Côtes foldés par le
Roi, feront les maîtres de refter dans Belle-
Ifle, ainfi que tous les habitans, fans qu'il
leur foit fait aucun tort dans leurs perfon-
nes & leurs biens, & s'ils ont envie de
vendre leurs biens, meubles & immeubles,
barques & filets, pendant l'efpace de fix
mois, & de paffer en grande terre, il ne
leur fera fait aucun empêchement, mais
au contraire : prêté tous les fecours & paf-
fe-ports néceffaires.

*Ils refteront dans l'Ifle fous la pro-
tection du Roi de la grande Bretagne
comme les autres habitans, ou feront
tranfportés en grande terre avec la
Garnifon, à leur choix.*

ARTICLE IX.

M. Savignon, Commis du Tréforier des
Troupes Françoifes, pourra refter à Belle-
Ifle avec fa famille, ou venir en grande
terre, avec les mêmes prérogatives, ainfi
que l'Armurier, les Canonniers, Bour-
geois, les Gardes-Magafins, & tous les
Ouvriers attachés à l'Artillerie & au
Génie.

*Accordé pour refter dans l'Ifle fur
le pied des autres habitans, ou bien
d'être tranfporté en grande terre à
fon choix.*

ARTICLE X.

La Religion Catholique, Apoſtolique & Romaine, ſera exercée dans l'Iſle avec la même liberté que ſous la domination Françoiſe, conſervant leurs Egliſes, avec leurs Recteurs, Curés & autres Prêtres, qui en cas de mort ſeront remplacés par l'Evêque de Vannes; ils ſeront maintenus dans leurs priviléges, fonctions, immunités & revenus.

On accordera à tous les habitans, ſans diſtinction, l'exercice libre de leur Religion; l'autre part de cet Article doit néceſſairement dépendre du bon plaiſir de Sa Majeſté Britannique.

ARTICLE XI.

Les Officiers & Soldats qui ſont aux Hôpitaux de la Ville & de la Citadelle, jouiront des mêmes traitemens que la Garniſon, & après leur guériſon, il ſera fourni les Bâtimens néceſſaires pour les tranſporter en France; en attendant, il leur ſera fourni les ſubſiſtances & remedes juſqu'à leur départ, ſuivant les états qu'en donnera le Contrôleur & Chirurgien, qui ſeront viſés par le Commiſſaire François qui reſtera à Belle-Iſle.

ACCORDE'.

ARTICLE XII.

Après le terme expiré par le premier article, il ſera donné des ordres que les Commiſſaires, tant d'Artillerie, du Génie, que des Vivres, viennent faire l'inventaire de ce qui ſe trouvera dans les Magaſins du Roi, ſur leſquels il ſera fourni en pain, vin & viande, la fubfiftance aux Troupes Françoifes, jufqu'au moment de leur départ ; fur le même pied qu'ils l'ont actuellement.

On fournira toutes les fubfiftances néceffaires fur le même pied que pour les Troupes de Sa Majefté Britannique jufqu'à leur départ.

Article XIII.

M. de Crawford, Général-Major, ainfi que tous les Officiers & Soldats prifonniers Anglois qui ont été faits depuis le 8 Avril 1761 inclufivement, feront mis en liberté après la fignature de la Capitulation, & dégagés des paioles qu'ils ont données jufqu'à ce jour, ainfi que les Officiers François des différens grades, Volontaires, Sergens & Soldats qui ont été faits depuis le 8 Avril.

Les Officiers & Soldats Anglois prifonniers de guerre à la Citadelle, font libres dès le moment de la fignature de la Capitulation. Les Officiers & Soldats François, prifonniers de guerre, feront échangés, fuivant le Cartel de l'Eclufe.

Tous les Articles ci deffus feront éxécutés de bonne foi de part & d'autre ; les interprétations de ceux qui pourroient être douteux feront traités à l'amiable.

Accorde'.

Il fera envoyé après la Signature, des Otages de part & d'autre, pour la fûreté des Articles de la Capitulation.

ACCORDE'.

Toutes les Archives, Regiftres, Papiers publics & Ecrits qui peuvent regarder le Gouvernement de l'Ifle, feront remis de bonne foi aux Commiffaires du Roi de la Grande Bretagne.

Trois jours feront accordés pour l'évacuation de la Citadelle, & les tranfports néceffaires pour l'embarquation feront prêts pour recevoir la Garnifon & leurs effets.

Un Officiers François fera chargé pour livrer toutes les munitions de guerre & de bouche, & généralement tout ce qui appartient au Roi Trés-Chrétien, à un Commiffaire Anglois, chargé à cet effet ; & un Officier fera ordonné de nous montrer toutes les mines & fouterreins de la Place.

FAIT & arrêté triple, le 7 Juin 1761.

Signés, Le Chevalier DE SAINTE-CROIX.

J. HODGSON.

A. KEPPEL

Permis d'imprimer & diftribuer. Au Port-Louis le 9 Juin 1761.

Signé, LE DUC D'AIGUILLON.

www.ingramcontent.com/pod-product-compliance
Lightning Source LLC
Chambersburg PA
CBHW070900280326
41934CB00008B/1515